'만들고, 장식하고, 선물하기' 위한 간단하고 세련된 방법을 모았습니다.

간단하고
세련된
꽃다발 만들기
레슨

작은 꽃다발 책

A book of small bouquets

오노기 아야카 *Ayaka Onogi*

터닝
포인트

만들기

기르던 꽃을 따거나 꽃집에서 산 꽃을
조합해서 만드는 작은 꽃다발은
비록 간단하지만, 직접 만들어 소중합니다.
느긋하게 꽃을 바라보고 꽃을 만지며
계절을 손으로 매만지는 한가로운 한때는
최고의 휴식을 선사합니다.

선물하기

꽃다발을 만들어 집안을 장식하거나
누군가에게 선물하는 건 어떨까요?
기념일이나 감사의 뜻으로 슬쩍 꽃다발을 곁들여 선물하세요.
작지만 마음이 담긴 꽃다발은
분명 있는 그대로의 솔직한 마음을 전해 줄 것입니다.

시작하며

꽃을 장식하기만 해도 산뜻한 기분이 들고

뭔가 새로 시작하는 기분이 듭니다.

꽃집에서 주문에 맞춰 어울리는 꽃을 하나하나 고르듯이

직접 그 날의 기분에 맞는 색과 형태를 찾아 꽃을 선택하여

꽃다발을 만들면

분명 꽃다발이 평소 이상으로

예쁘고 사랑스럽게 느껴질 것입니다.

꽃이 주는 즐거움을 느끼고,

여러분이 일상에서

꽃과 보내는 시간이 늘어나는 계기가 되면 좋겠습니다.

Contents

005 시작하며
006 목차

008 **만들기**

010 들꽃으로
016 큰 꽃송이로
022 혼합해서
026 같은 색으로
032 같은 색조로
038 좋은 꽃 향기로
042 녹색으로
048 큰 꽃을 나눠서
054 가지만으로
055 열매만으로
058 말릴 꽃으로
064 드라이플라워로
068 다육식물과
069 무당벌레와
070 사탕과 함께
072 잡초로
076 일본 꽃으로
080 슈퍼마켓에서 파는 꽃으로
084 크리스마스에
085 설날에
088 채소로

092 *Column* —— 꽃

094 **장식하기**

096 화병에
097 접시에
098 서랍에
099 상자에
100 커튼 만들기
102 매달아서
103 벽에
104 다양한 장소에
105 작은 소품과
106 병에
108 압화 만들기
109 바구니에
110 리스 만들기

112 *Column* —— 가게

114	선물하기	134	꽃다발을 만들기 전에 알아야 할 기초 지식
116	포장하기		
	01 트라이앵글 포장		
			꽃 손질/ 자르기, 물속 자르기,
118	02 풍성한 포장		깊은 물에 담그기, 열탕, 잎 제거,
120	03 간편한 포장		잘라 나누기
122	04 손수건 포장		
124	무언가와 조합해서	136	꽃다발의 기본/ 기본 잡는 법,
	머그잔과		꽃다발 잡는 법, 줄기 자르는 법
125	메이슨 자와	138	꽃 다발 묶는 법/ 고무 밴드로
126	와인과		고정하기, 끈으로 묶기
127	쿠키와		
128	책과	143	마치며
129	반지와		
130	가방에 걸 수 있게		
131	숄더백처럼		
132	잎으로 메시지 카드 만들기		
133	꽃다발 보수 처리		

※ 꽃은 계절과 시기, 기온, 개체 차이에 따라 같은 종류라도 색과 형태가 다를 수 있습니다. 계절에 따라 구하기 힘든 종류도 있으므로 책을 참고하여 나만의 오리지널 조합을 즐겨 보세요!

만들기
Making a bouquet

들 꽃 으 로
With wildflowers

선이 가늘고 화사한 야생화의 운치를 지닌 꽃만을 모아 묶었습니다.
들판에서 꺾어온 듯 소박함과 귀여움이 공존하는 아름다운 꽃다발은
계절 선물로도 좋습니다.

flower & green materials

- 냉이 2줄기
- 스카비오사 2줄기
- 캐모마일 1줄기
- 아스틸베 3줄기
- 아스트란티아 1줄기
- 골든볼 2줄기
- 베로니카 1줄기
- 루피너스 2줄기

how to make

01 올곧은 냉이 2줄기를 손에 잡습니다. 2줄기가 다른 꽃을 넣을 때 가이드가 됩니다.

02 01에 스카비오사(둥근 꽃)를 1줄기 더해 냉이와 함께 잡습니다.

point 01

꽃다발을 잡기 전에 가지가 나뉜 꽃을 자릅니다. 캐모마일과 냉이는 모두 갈라진 곳에서 자릅니다. 냉이는 손으로 잡은 곳보다 아래 오는 부분의 잎은 모두 제거합니다. 잎을 남길 부분을 잡아 고정한 후 제거할 부분의 줄기를 잡고 손가락을 아래로 쓸어내리면 제거하기 쉽습니다.

03 아스트란티아(선 모양 꽃)를 더합니다. 둥근 꽃→선 모양 꽃→둥근 꽃→선 모양 꽃처럼 교대로 덧대면 정리하기 쉽습니다.

04 왼손으로 가볍게 쥐고, 점점 꽃을 넣습니다. 꽃이 이쪽저쪽을 향한다는 느낌으로 같은 꽃을 흩어지게 넣으면 들꽃다워집니다. 잡은 곳을 끈으로 묶으면 완성입니다.

point 02

둥근 꽃이란 꽃의 모양이 비교적 둥근 것(스카비오사, 골든볼 등)을 말합니다. 선 모양 꽃은 꽃이 선 모양인 꽃(아스트란티아, 베로니카 등)을 말합니다.

variation

비슷한 들꽃을 사용해도 다른 색을 선택하면 꽃다발의 분위기가 달라집니다.

01 | 흰색과 녹색만으로

상쾌하고 시원한 인상을 줍니다. 누구에게나 선물할 수 있는 기본 색상입니다.
웨딩 부케와 같은 조합이라 결혼을 앞둔 친구에게 선물하기에도 좋습니다.

flower & green materials

- ◦ 라일락
- ◦ 캐모마일
- ◦ 라이스플라워
- ◦ 니겔라 열매
- ◦ 알케밀라
- ◦ 딕텀누스(백선)

02 | 보라색으로 우아하게

초콜릿코스모스의 어두운 색이 클레마티스와 캄파눌라의 밝은 보라색을 돋보이게 합니다. 클레마티스의 덩굴은 움직임이 경쾌해서 꽃다발에 넣으면 야생화 느낌이 물씬 납니다.

flower & green materials

- 클레마티스
- 캄파눌라
- 초콜릿코스모스
- 니겔라 열매
- 크리스마스로즈

큰 꽃송이로
With a large flower

한 송이만으로도 발군의 존재감을 뽐내는 큰 송이의 꽃. 그 자체로도 훌륭하지만
어떤 꽃을 조합하는가에 따라 사뭇 다른 표정을 보입니다.
흘러내리는 것처럼 피는 작약을 작은 꽃과 녹색 소재로 감쌌습니다.

작약 '미라이카'

레몬잎

길리아

루피너스

flower & green materials

- 작약 '미라이카' 1송이
- 루피너스 1줄기
- 길리아 3송이
- 레몬 잎 1줄기

how to make

01 작약의 잎을 제거합니다. 꽃 가까이에 있는 잎은 쿠션이 되기도 하니 남겨둡니다.

02 우선 작약을 잡은 후, 길리아 1송이를 추가합니다.

point 01

컬 만들기

자른 단면을 잡고 고정한 후, 반대편 손으로 형태를 만들고 싶은 곳의 기점을 잡습니다. 잡은 손을 천천히 위쪽으로 조금씩 밉니다. 엄지손가락 아랫부분으로 잎을 훑습니다.

 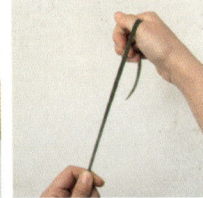 

point

잎 소재 식물을 잘 사용하면 꽃다발의 디자인이 훨씬 좋아집니다. P.21의 달리아 꽃다발이 예입니다. 미스칸서스(참억새)처럼 가늘고 튼튼한 잎 소재 식물은 간단히 형태를 만들 수 있습니다. 사진은 형태를 잡기 전의 미스칸서스입니다. 간단한 2가지 기술을 소개합니다.

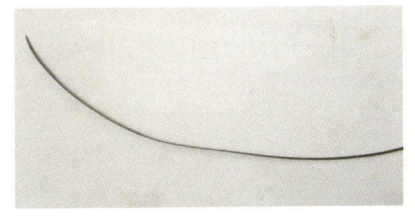

03 계속해서 길리아 2송이를 추가합니다. 길리아는 꽃 높이에 변화를 주면 입체감이 생깁니다.

04 루피너스, 레몬 잎을 넣습니다. 모든 꽃은 작약을 감싸듯 넣는 것이 포인트입니다. 레몬 잎은 단단하므로 꽃을 보호하는 역할도 겸합니다.

point 02

말기

검지에 미스칸서스를 감아 그 위에서 손으로 감싸 데웁니다. 데우는 시간이 길수록 강하게 말립니다. 디자인에 따라 시간을 조정합니다.

 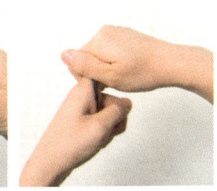 

variation

큰 꽃송이 꽃에는 잎 소재를 추가하기만 해도 그림이 됩니다.

01 | 난 과

고급스러운 이미지의 난도 묶으면 가벼운 분위기로 바뀝니다. 줄고사리 배경이 심비디움의 밝은 노란색을 더욱 선명하게 보여줍니다. 오래 즐길 수 있는 조합입니다.

flower & green materials

- 심비디움
- 줄고사리

02 | 달리아 와

달리아와 미스칸서스 잎에 모양을 만들어(형태 잡는 법은 P.18~19참조), 역동적으로 완성했습니다. 미스칸서스 몇 줄기는 둥글게 만든 것을 달리아 줄기와 함께 끈으로 묶었습니다.

flower & green materials

◦ 블랙 달리아
◦ 미스칸서스

혼합해서
Mix

커다란 꽃을 다양하게 섞은 꽃다발입니다.
밝고 화려한 인상을 줍니다.
1년 내내 구하기 쉬운 꽃인 장미, 거베라, 카네이션, 리시안사스로 만들었습니다.

flower & green materials

- 카네이션 1송이
- 거베라 3송이
- 장미(스프레이) 1줄기
- 리시안사스 1줄기

how to make

01 스프레이 장미, 리시안사스를 잘라 나눕니다. 이 꽃다발은 1송이만 사용합니다.

02 우선 카네이션을 잡고, 거베라(흰색)를 추가합니다. 흰색 거베라가 주인공이므로 가장 높은 위치에 꽃이 오게 합니다.

03 거베라(분홍색)를 카네이션과 거베라(흰색) 아래에 넣습니다.

04 남은 거베라 1송이도 아래에 넣고 리시안 사스와 장미를 추가해 둥근 형태로 만듭니다. 흰 거베라가 중심에 오게 합니다.

point 01

스프레이 타입은 가지가 나뉜 꽃입니다. 스프레이 장미, 스프레이 카네이션이라고 부릅니다.

point 02

꽃다발을 둥글게 마무리하려면 꽃 방향에 주의해야 합니다. 특히 거베라는 면이 큰 꽃이므로 같은 높이로 넣으면 틈이 생겨서 꽃다발 모양이 무너집니다. 겹치듯이 넣으면 합치기 쉽습니다.

같은 색으로
In the same color

색색의 꽃들. 선택지가 많은 만큼 조합하기 힘들지만
같은 색 계열로 만들면 뜻밖에 간단합니다.
활기찬 느낌을 낼 때는 비타민 색상 노란색을 사용하세요.
덧대는 잎 소재로는 밝은 노란색이 어울립니다.

flower & green materials

- 라넌큘라스 3송이
- 골든볼 3송이
- 알케밀라 1줄기

how to make

01 알케밀라를 분리해서 2줄기로 잡습니다.

02 라넌큘라스 1송이를 알케밀라의 정중앙에 넣습니다.

03 균형을 맞추면서 라넌큘러스를 넣습니다. 각각의 꽃이 너무 딱 붙지 않도록 알케밀라를 쿠션으로 사용합니다.

04 라넌큘러스 사이에 골든볼을 넣고 마지막으로 꽃다발 형태가 둥글게 되도록 알케밀라를 넣으면 완성입니다.

point

알케밀라는 줄기가 갈라진 곳에서 잘라 나눕니다. 3줄기 정도로 나누는 것이 가장 좋습니다. 꽃다발을 잡는 손 부분부터 아랫부분의 잎은 제거합니다.

variation

푸른색은 차분한 분위기, 분홍색은 로맨틱. 색에 따라 꽃다발의 인상도 확연히 달라집니다.

01 | 푸른 꽃다발

푸른색과 보라색 작은 꽃을 모아 만든 꽃다발은 수국 같은 분위기와 정취를 자아냅니다. 한 가지 색이라도 색의 농담을 고려하여 선택하면 입체감과 깊이가 나타납니다.

flower & green materials

- 옥시펜타늄
- 길리아
- 민트
- 레몬 잎

02 | 분홍 꽃다발

부드러운 분홍색을 모으면 달콤하고 로맨틱하게 완성됩니다. 자그마한 꽃만 있으면 너무 달콤해질 수 있으니 장미처럼 전통적인 형태의 꽃을 추가하면 한결 더 우아해지고 균형이 잡힙니다.

flower & green materials

- 장미
- 스카비오사
- 부바르디아
- 트리폴리움
- 베로니카
- 유칼립투스

같은 색조로
In the same tone

다크, 파스텔 등 같은 색조로 만든 꽃다발은 무척 고급스럽습니다.
메인인 짙은 보라색 수국에 악센트로 새빨간 장미를 넣어서 요염하고 관능적입니다.

flower & green materials

- 수국 1줄기
- 장미 1송이
- 아스플레니움 2줄기
- 스카비오사 2송이
- 리시안사스 1줄기

how to make

01 먼저 아스플레니움을 정리합니다.

02 잎을 제거한 수국(꽃 주변의 잎사귀는 남긴다)에 장미를 추가합니다.

point

톱니처럼 뾰족뾰족한 녹색이 특징인 관엽식물 아스플레니움. 그 자체로도 흥미롭지만, 좀 더 생각하면 좋은 디자인을 만들 수 있습니다. 우선 잎을 둥글려서 스테이플러로 고정합니다(스테이플러 심은 잎맥에 세로가 되게 고정). 꽃다발을 묶을 부분보다 아래에 오는 부분의 잎을 제거합니다. 가위를 사용해서 가로로 절개선을 넣고 줄기를 따라 손가락으로 찢습니다. 마는 방법에 따라 다양한 형태를 만들 수 있습니다.

03 수국 형태에 맞추듯 다른 꽃을 넣습니다. 수국과 꽃으로 둥근 형태를 만든다는 느낌으로 합니다.

04 미리 처리한 아스플레니움을 넣으면 완성입니다.

variation

옅은 파스텔 색상으로 만들었습니다. 여성스럽고 부드러운 꽃다발은 보기만 해도 치유되는 온화한 느낌입니다. 함께 넣을 관엽식물로는 옅은 색조의 허브 등이 알맞습니다.

flower & green materials

- 라넌큘러스
- 아스틸베
- 스카비오사
- 루피너스
- 딕텀누스(백선) 허브
- 유칼립투스

좋은 꽃 향기로
With fragrant flowers

'이브피아제'는 향이 좋은 장미로 유명합니다.
향기로운 꽃은 보기에도 좋지만, 향기도 함께 즐길 수 있습니다.
꽃이 만드는 천연 향수는 호사스러운 느낌입니다.

장미 '이브피아제'

flower & green materials

◦ 장미 '이브피아제' 3송이

how to make

01 장미 줄기의 아랫부분 잎을 제거합니다. 꽃이 위를 향하고 있고 줄기가 올곧은 장미를 첫 번째로 잡습니다.

02 장미는 송이마다 줄기가 휘어진 정도가 다릅니다. 왼쪽이 올곧은 것, 오른쪽이 휘어진 장미입니다. 잘 보고 적재적소에 사용하세요.

point 01

장미 잎은 전부 제거하지 말고 꽃에 가까운 잎은 남깁니다. 그래야 꽃과 꽃의 쿠션이 되어 균형 있게 정돈됩니다.

03 01에 살짝 줄기가 휜 장미를 추가합니다. 꽃은 높이 차이가 나도록 01보다 조금 낮게 넣습니다.

04 세 번째 장미를 01과 03의 장미 사이에 넣습니다. 다른 장미와 겹치지 않게 합니다.

point 02

스위트피나 라일락, 미모사, 라벤더, 튜베로즈 등 향이 좋은 꽃이 많으므로 계절에 따라 어울리는 꽃을 선택해서 즐겨 보세요.

point 03

고상하고 우아한 향의 장미 '이브피아제'로 꽃다발을 만들면 좋은 향으로 방 안이 가득 찹니다. 작업하는 내내 황홀한 향기에 둘러싸이는 행복한 시간을 보낼 수 있습니다.

녹색으로
Only green

평소에는 주로 조연으로 활약하는 녹색을 주인공으로
녹색으로만 만든 꽃다발은 신선하고 싱싱하며 기분 좋습니다.
허브만 사용해서 만들면 주방에 잘 어울립니다.

flower & green materials

- 민트 2줄기
- 스피아민트 2줄기
- 애플민트 2줄기
- 로즈메리 2줄기
- 딕텀누스(백선) 1줄기

how to make

01 로즈메리 1줄기를 손에 잡고 다른 허브를 추가합니다. 로즈메리는 단단해서 축으로 삼기 좋으므로 먼저 잡습니다.

02 같은 허브가 서로 이웃하지 않게 섞어서 넣습니다.

point 01

우선 허브 전부를 손에 잡고 만들려는 꽃다발의 크기를 정합니다. 묶을 부분보다 아래의 잎은 모두 제거하여 깨끗하게 준비합니다.

$\underline{03}$ 민트는 줄기가 굽은 것이 많으므로 휜 부분을 꽃다발 중심으로 오게 넣으면 정돈하기 쉽습니다.

$\underline{04}$ 살짝 다른 색이 들어간 소재를 사용하면 색달라져 흥미롭게 완성됩니다.

point 02

허브 잎을 제거할 때마다 상쾌한 냄새가 진해집니다. 작업을 진행할수록 퍼지는 허브 향에 저절로 치유되는 느낌이에요!

variation

녹색 소재는 오래가기 때문에 메인인 꽃만 교체해도 새롭게 느껴집니다.

01 | 붉은 꽃으로 발랄하게

케일과 아스플레니움, 미스칸서스를 묶은 후 빨간색 라넌큘러스를 꽂아보세요. 잎의 녹색이 배경이 되어 붉은색을 더욱 선명하게 보여줍니다. 모던한 공간에도 잘 어울립니다.

flower & green materials

- 라넌큘러스
- 아스플레니움
- 케일
- 미스칸서스

02 | 흰 꽃으로 자연스럽게

메인 꽃을 붉은색에서 흰색으로 바꾸면 분위기가 달라집니다. 라일락은 사랑스럽고 자연스러운 분위기입니다. 꽃을 바꿔 새롭게 즐기세요.

flower & green materials

- 라일락
- 아스플레니움
- 케일
- 미스칸서스

큰 꽃을 나눠서
With the separate stocks of large flowers

한 줄기 가지에서 많은 꽃과 잎이 달린 소재를 나누어 잘 사용하면
얼마든지 작은 꽃다발을 만들 수 있습니다.
여러 사람에게 같은 꽃다발을 선물하고 싶을 때 좋습니다.

flower & green materials

- 리시안사스 1줄기
- 장미(스프레이) 1줄기
- 라이스플라워 1줄기
- 유칼립투스 1줄기

how to make

01 만들려는 꽃다발 크기에 맞춰 꽃을 나눠 자릅니다. 같은 길이로 자르면 만들기 편합니다. 리시안사스 꽃이 떨어진 줄기는 녹색 소재로 사용하므로 사진처럼 여분의 잎을 제거해서 준비합니다.

02 리시안사스 꽃 1송이를 잡고 유칼립투스를 추가합니다.

point 01

유칼립투스 잎은 1장도 사용할 수 있으니 남으면 잎을 따서 보관하세요. 리시안사스 잎도 강하고 튼튼해서 녹색 소재로 사용하기에 좋습니다. 장미 잎은 비교적 약해서 이렇게 사용하기는 어렵습니다.

03 적은 양의 꽃은 손가락으로 잡듯이 잡으면 작업하기 편합니다.

04 장미를 리시안사스에 추가하고 라이스 플라워로 빈자리를 채우듯 넣습니다. 마지막으로 01의 리시안사스 잎을 덧대면 완성입니다.

point 02

큰 꽃을 나눠 잘라서 사용할 때 중요한 점은 꽃 선택입니다. 줄기가 갈라진 곳부터 꽃까지의 길이가 긴 것을 선택하세요. 그 부분이 너무 짧으면 화병에 넣었을 때 물에 닿지 않습니다.

여기가 긴 것

이 페이지의 작은 꽃다발 4개 분량의 재료는 오른쪽과 같습니다.
모두 곁가지가 여러 대로 뻗어 있는 타입의 꽃을 한 송이씩 사용했습니다.
P.49의 양이 꽃다발 하나 분량 재료입니다.
홈 파티의 웰컴 플라워로 준비해서 파티가 끝난 후 선물하는 등 여러 방법으로 즐길 수 있습니다.

가지만으로
Only branches

청아한 향을 지닌 순백의 라일락은 초여름 특유의 나무 소재입니다.
심플하게 라일락으로만 만든 꽃다발은 6월의 신부에게도 잘 어울립니다.
가지가 축 늘어진 녹색에서 싱그러운 정취가 느껴집니다.

열매만으로
Only fruits and nuts

동글동글 귀여운 열매의 집합은 꽃과는 다른 분위기입니다.
자연스레 말릴 수 있는 것이 많아 자유롭게 장식하기에도 좋습니다.
짙은 감색의 바이버넘은 마르면 독특한 향기가 납니다.

flower & green materials

◎ 라일락 1줄기

how to make

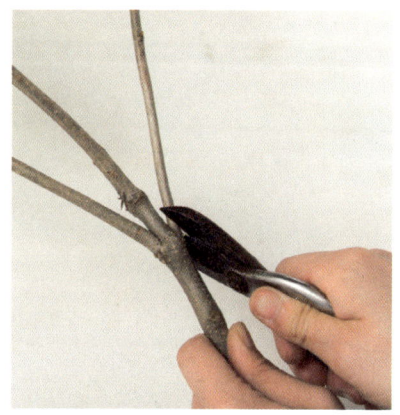

01 곁가지가 뻗어 나온 부분에서 잘라 나눕니다. 가지가 꽤 단단하므로 꽃 가위를 사용하세요.

02 나눠 둔 가지로 꽃다발을 잡습니다. 가지의 굽은 정도를 잘 보고 꽃을 더하듯 다발을 만듭니다.

point

가지는 가위로 절개선을 넣으면 물을 잘 흡수하여 튼튼하게 오래갑니다. 우선 세로로 3~5㎝ 정도 절개선을 넣습니다. 거기에 십자 모양으로 절개선을 넣습니다. 이런 사전 처리가 아주 중요합니다.

 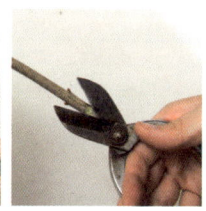 

flower & green materials

◎ 바이버넘 1줄기
◎ 유칼립투스 열매 1줄기
◎ 니겔라 열매 3줄기
◎ 아스클레피아스 2줄기

01 열매만 있는 유칼립투스 가지 사이에 바이버넘을 끼워 넣습니다.

02 그 사이에 니겔라와 아스클레피아스를 넣어 균형을 잡으면 완성입니다.

point

꽃다발 크기에 맞춰서 바이버넘을 자르고, 다발 부분보다 아래에 오는 열매와 잎을 제거합니다. 자른 열매는 그대로 장식하거나 포장에 활용할 수 있으니 버리지 말고 보관하세요.

말릴 꽃으로
With flowers that dry out

장식한 상태로 천천히 드라이플라워로 변신하는 꽃을 심플하게 묶었습니다.
야생화 프로테아는 야성적인 질감을 가진 소재로 서서히 퇴색하는 모습을 즐길 수 있습니다.

flower & green materials

◎ 프로테아 1송이
◎ 바이버넘 1줄기
◎ 수국 1줄기
◎ 유칼립투스 1줄기

how to make

01 유칼립투스 잎의 필요 없는 부분을 잘라서 깨끗하게 준비합니다.

02 유칼립투스에 수국을 추가합니다.

point

프로테아는 차차 피어나는 모습이 멋집니다. 루카덴드론이나 킹프로테아 등도 질감과 형태가 개성적이고 재미있습니다.

03 바이버넘 열매를 02에 휘감듯 넣습니다.

04 주인공 프로테아를 넣습니다. 제일 앞쪽 낮은 위치에 넣어서 높이에 차이를 두면 더욱 돋보입니다.

수국, 유칼립투스 등은 드라이플라워의 정석입니다. 말리기 쉽고 모양도 깨끗합니다. 좋아하는 꽃을 버리기 아까울 때, 말릴 수 있는지 아닌지 시도하는 것도 즐거울 것입니다. 거꾸로 매달면 마치 꽃 커튼 같습니다. 다양한 꽃과 잎, 열매로 시도해 보세요.

드라이플라워로
Dried flowers

물이 필요 없는 가벼운 드라이플라워는 어디든 장식할 수 있는 만큼
즐기는 방법도 자유자재입니다. 단 부서지기 쉬우므로 세심하게 다루어야 합니다.
앤티크한 색감은 여러 분위기에 모두 잘 어울립니다.

flower & green materials

- 아스트란티아 3송이
- 지니아 5송이
- 수국 2줄기
- 루카덴드론 3송이
- 스모크베리 2줄기
- 페퍼베리 1송이
- 유칼립투스 열매 1개
- 램스이어 2줄기

※모두 드라이플라워

how to make

01 수국 2줄기를 합칩니다. 같은 색의 수국도 괜찮지만 다른 색을 사용하면 좀 더 재미있는 느낌이 납니다.

02 수국은 되도록 둥글게 묶어서 잡습니다.

point

드라이플라워는 물을 신경 쓰지 않아도 되므로 길이가 짧아도 상관없습니다. 와이어를 걸어서 꽃다발을 만들 수 있는 장점이 있습니다. 특히, 열매는 이 방법이 편리합니다.

03 큰 것부터 넣습니다. 루카덴드론→지니아→아스트란티아 순서로 같은 꽃을 고정하듯 수국 형태에 맞춥니다.

04 마무리로 와이어를 건 페퍼베리, 스모크트리, 유칼립투스 열매와 램스이어를 꽃다발 사이에 꽂으면 완성입니다.

우선 꽃꽂이용 와이어를 준비합니다. #22호 와이어를 둘로 접습니다. 접은 쪽에 소재를 대고 반대쪽 와이어를 잡고 줄기와 다른 한쪽 와이어를 함께 돌돌 감습니다. 2~3회 감으면 완성입니다. 위에서 녹색과 갈색 플로럴 테이프로 감으면 와이어가 보이지 않습니다.

  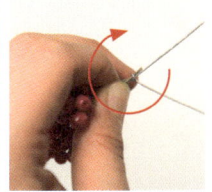 

다육식물과
With succulents

인기 많은 다육식물을 사용해 꽃다발을 만들었습니다.
꽃 모양의 에케베리아가 잘 어울립니다.
꽃이 시든 후에는 다육식물을 잎꽂이해서 화분에 옮겨 기르는 것도 좋습니다.

flower & green materials

- 다육식물(에케베리아) 1개
- 민트 3줄기
- 아스트란티아 1줄기
- 골든볼 2송이
- 초콜릿코스모스 1송이
- 클레마티스 1줄기

무당벌레와
With a ladybug

잔디 위를 무당벌레가 오도카니 산책 중입니다.
귀여운 정경을 뚝 떼어내 만든 것 같은 꽃다발입니다.
식물과 곤충, 귀엽고 장난스러운 애교가 만점인 조합입니다.

flower & green materials

◦ 그린석죽 2줄기

사탕과 함께
With candy

꽃 속에 스틱 사탕을 넣으면
다채로운 색상이 예쁘고, 먹을 수도 있어 아이 선물로 좋습니다.
경쾌하고 행복한 시간을 만들어줍니다.

flower & green materials

- 천일홍 3송이
- 길리아 2송이
- 골든볼 1송이
- 옥시펜타눔 1줄기
- 알케밀라 1줄기
- 캐모마일 1줄기
- 미스칸서스 5줄기

how to make (P68)

다육식물은 와이어를 끼워서 소품으로 사용합니다. 01 #20호 와이어를 줄기에 끼웁니다(와이어는 P.67 참조). 02 와이어를 구부립니다. 03 02의 와이어가 십자가 되도록 #20호 와이어를 끼웁니다. 04 끼운 와이어를 구부리고, 녹색 플로럴 테이프를 감으면 완성입니다.

01 *02* *03* *04*

how to make (P69)

압정 무당벌레는 접착제를 사용하여 꽃에 붙였습니다. 01 접착제는 전기로 녹여서 사용하는 핫 글루건이 빨리 마르므로 추천합니다. 02 그린석죽을 둥글게 해서 2줄기 합칩니다. 03 압정 무당벌레 뒤쪽에 글루를 듬뿍 바릅니다. 압정 침이 신경 쓰이면 침 끝에도 글루를 발라서 뾰족한 부분을 처리하면 위험하지 않습니다. 글루를 바른 무당벌레를 그린석죽에 붙입니다. 04 그린석죽은 꽃의 밑동에서 묶으면 잘 흔들리지 않습니다.

01 *02* *03* *04*

how to make (P70)

01 꽃은 사탕 모양과 비슷하게 둥그런 모양을 선택하면 귀엽습니다. 02 사탕에 와이어를 감습니다 (P.66~67). 03 3개 묶어서 플로럴 테이프로 감습니다. 04 다른 꽃과 함께 다발을 만듭니다.

01 *02* *03* *04*

잡초로
With weeds

길가나 공원에 무성한 잡초들
꺾는 순간 바로 시들어버린 기억이 있는 분도 많겠죠.
하지만 잡초도 제대로 손질하면 훌륭한 꽃다발이 된답니다.

다양한 잡초

flower & green materials

- 민들레(메인이 될 꽃) 2송이
- 잡초를 잔뜩

how to make

01 줄기가 올곧은 것과 휜 것을 나눕니다. 휜 것을 많이 넣으면 꽃다발이 살아 있는 것 같아 귀엽습니다.

02 올곧은 줄기 중에 메인으로 쓸 수 없는 것을 몇 줄기 정리해서 잡습니다.

point 01

왼쪽이 열탕(P.134 참조) 처리한 것이고 오른쪽이 하지 않은 것입니다. 확실히 차이가 납니다. 제대로 열탕 처리하면 잡초도 튼튼하게 오래갑니다. 잡초는 줄기가 굵은 것이 튼튼합니다.

03 줄기가 휜 것을 넣습니다. 올곧은 것 → 휜 것 → 올곧은 것 → 휜 것 순으로 교대로 넣습니다.

04 어느 정도 작업을 한 후 메인 꽃(여기서는 민들레)을 중심에 오게 넣습니다. 이제 번갈아 다양한 잡초를 넣으면 완성입니다.

point 02

줄기가 짧은 건 앞쪽 아래, 긴 것은 뒤쪽에 넣으면 깔끔하게 마무리됩니다. 잡초답게 바람에 흔들리는 분위기가 나도록 다발을 만들어 보세요.

일본 꽃으로
With Japanese flowers

일본의 운치가 넘치는 꽃, 국화. 불단에 바치는 꽃으로도 인기가 많지만, 수입 꽃과 조합하면 세련된 분위기로 변신합니다. 서양식으로 꾸며진 공간에 놓인 불단이나 떠나간 애완동물을 위한 제단에 올려도 좋을 것 같습니다.

flower & green materials

- 국화 1송이
- 국화(스프레이) 1줄기
- 카네이션 1송이
- 라넌큘러스 1줄기

how to make

01 스프레이 타입의 국화와 리시안사스를 얼추 비슷한 길이로 잘게 나눕니다. 잎도 제거합니다.

02 꽃이 큰 편인 국화 1송이를 잡고, 스프레이 타입의 국화를 합칩니다.

point 01

귀엽게 만들려면 줄기를 짧게 해서 작게 만드는 것이 중요합니다. 꽉 조여서 정돈된 작은 모양으로 만들면 더욱 귀엽습니다.

$\underline{03}$ 국화에 리시안서스를 나란히 넣습니다.

$\underline{04}$ 카네이션을 국화와 리시안서스 사이에 넣고, 남은 스프레이 타입의 국화를 전체적으로 이곳저곳에 듬성듬성 넣습니다.

point 02

국화 색은 여러 색이 들어간 복잡한 것과 분홍색 같은 기본적인 색상을 피하는 것이 중요합니다. 그래야만 불단에 바치는 꽃이라는 인상을 지울 수 있습니다.

슈퍼마켓에서 파는 꽃으로
With flowers from the supermarket

합리적인 가격으로 쉽게 구할 수 있는 슈퍼마켓에서 판매하는 꽃
하지만 항상 꽃이 비슷하다……고 생각하시는 분
조금 품을 들이면 이렇게 예쁘게 변신합니다.

flower & green materials

- 솔리다고 1줄기
- 카네이션(스프레이) 1줄기
- 안개꽃 1줄기
- 스타티스 1줄기

how to make

01 꽃은 모두 잘라서 나눕니다. 자른 솔리다고 아래쪽 줄기 부분을 먼저 잡고 카네이션을 추가합니다. 카네이션은 한 덩어리가 되도록 모두 넣습니다.

02 여기에 스타티스를 추가합니다. 스타티스도 한 덩어리가 되도록 모두 넣습니다.

point 01

솔리다고는 우선 1줄기를 반으로 자릅니다. 윗부분은 줄기를 손으로 떼어서 줄기가 보이게 정리합니다. 떼어낸 작은 줄기도 사용합니다.

point 02

솔리다고, 스타티스, 카네이션은 곁가지가 난 부분을 자릅니다.

03 꽃 사이에 솔리다고를 잘라서 나눈 작은 장식을 분산시켜 넣습니다. 끝부분이 너무 튀어나오지 않게 살짝만 나오게 합니다.

04 전체적으로 안개꽃을 분산시켜 골고루 넣고 남은 솔리다고를 추가하면 완성입니다.

point 03

스타티스는 작고 귀여운 꽃입니다. 너무 크면 가장 아래의 꽃을 자르세요.

point 04

스타티스는 겹치듯이 높이에 차이를 주면서 넣으면 작고 깔끔하게 정돈됩니다.

크리스마스에
For Christmas

이벤트에 맞춰서 꽃다발을 만들면 즐겁습니다.
크리스마스용으로 만든 꽃다발입니다. 전통적인 크리스마스 색상인
레드와 그린의 열매로 따스한 온기를 더했습니다.

설 날 에
For New Years

장식 준비는 힘들지만, 그래도 설다운 무언가가 필요하다고 느껴질 때
전통 포장 끈을 곁들인 꽃다발은 어떨까요?
작은 장식만으로도 설 느낌이 물씬 납니다.

flower & green materials

- 장미 1송이
- 토복령(드라이) 1송이
- 나무열매(드라이) 1개
- 측백나무 4줄기
- 유칼립투스 1줄기

how to make

01 나무열매와 토복령은 와이어를 걸어둡니다(P.66~67참조). 열매 줄기가 가늘므로 #26호 와이어를 사용합니다.

02 우선 빨간 장미를 잡고, 장미를 감싸듯 잎과 열매를 넣어갑니다. 폭신하고 부드럽게 감쌉니다.

point

측백나무가 아니라도 상록수라면 무엇이든 가능합니다. 노송이나 전나무 등 크리스마스다운 것을 고르면 됩니다. 붉은 장미를 거베라 등으로 바꾸면 더욱 사랑스러운 분위기가 연출됩니다.

flower & green materials

- 국화 1송이
- 국화(스프레이) 1줄기
- 그린석죽 1줄기

how to make

01 금, 은, 적색의 끈을 3가닥 준비합니다.

02 꽃다발과 끈의 한쪽 끝을 함께 쥡니다. 3가닥을 함께 모아서 쥡니다.

03 꽃다발 위를 통과시키듯 원을 만듭니다.

04 다른 한쪽 끝을 꽃다발 줄기에 더해서 줄기와 함께 끈으로 묶으면 완성입니다.

채소로
With vegetables

아침에 집 앞 텃밭에서 딴 채소를 이웃에게 나눠주는 일상
채소를 꽃다발처럼 만드는 것도 근사합니다.
잎채소는 금방 시드니까 만들자마자 바로 선물하세요.

flower & green materials

- 로즈메리 1줄기
- 붉은 무 1개
- 당근 1개
- 아스파라거스 2줄기
- 케일 1줄기
- 근대 3장

how to make

01 케일에 근대 2장을 살짝 겹칩니다.

02 그 위로 당근을 넣습니다.

point 01

케일은 묶을 부분보다 아래 잎은 뜯어서 깨끗하게 제거합니다.

point 02

로즈메리는 아래위 둘로 나눠서 묶을 부분보다 아래 잎은 제거합니다.

03 이어서 아스파라거스 2줄기를 넣고, 그 위로 꼬치에 꽂은 붉은 무를 넣습니다.

04 붉은 무 꼬치가 보이지 않도록 로즈메리를 넣으면 완성입니다.

point 03

붉은 무처럼 줄기가 없는 것은 대나무 꼬치를 꽂아서 묶을 수 있게 줄기를 만듭니다. 빠지지 않도록 단단하게 꽂으세요.

Column
꽃

기분이 축축 처지던 어느 날, 친구에게 거베라를 받았습니다. 겨우 꽃 한 송이었지만 내가 좋아한다고 말했던 꽃을 사 주었습니다. 분명히 역 앞에서 급하게 샀을 것으로 생각하니 꽃 한 송이에서 느껴지는 수많은 다정함에 무척, 무척 기뻤습니다.
지금껏 갑자기 꽃을 받아본 일이 없었기에 그 날, 처음으로 꽃의 매력에 사로잡혔습니다.

운 좋게도 나고 자란 후쿠시마 현 아이즈 지방이 꽃의 생산지라 꽃을 생산하는 곳을 방문하기도 하고, 재배하는 분께 이야기를 듣기도 합니다. 무슨 지역에서 어떤 환경에서 자랐는지 알면 같은 꽃이라도 좀 더 친근감이 느껴지고 꽃과 보내는 시간이 즐거워집니다.

꽃과 만난 후로 지금은 직업이 되었지만, 꽃을 선물하는 즐거움과 받는 기쁨은 여전히 그대로입니다. 항상 꽃과 함께 하는 생활을 시작하도록 도와주는 플로리스트이고 싶습니다.

장식하기
Decorating a bouquet

화병에
In a vase

가장 대표적인 장식 방법입니다. 꽃다발을 풀지 않고 그대로 장식할 수 있어서 간편합니다. 작은 꽃다발은 공간이 넓지 않아도 장식할 수 있으므로 마음에 드는 장소에 그냥 두세요. 화려한 꽃이 공간을 한층 밝게 만듭니다.

【장식 꽃다발】들꽃 꽃다발 (P.10)

접시에
In a dish

장식한 꽃다발이 살짝 시들기 시작하면 시도해 보세요. 꽃을 짧게 잘라서 물을 담은 접시에 띄웁니다. 별로 높지 않아서 식탁에 두어도 방해되지 않고, 식탁에 아름다움을 더합니다.

【장식 꽃다발】 큰 꽃송이 꽃다발(P.16)

서 랍 에
In a drawer

집에 꽃을 장식할 만한 곳이 없다는 이야기를 가끔 듣습니다. 일상의 공간에 꽃을 장식해 보세요. 이렇게 서랍 속에 꽃을 곁들이면 꽃집 디스플레이처럼 세련된 느낌입니다.

【장식 꽃다발】같은 색조 꽃다발(P.32)

서랍 속에 물을 담은 작은 꽃병을 두고 꽃을 꽂습니다. 꽃병은 키가 작아 겉에서는 보이지 않고 꽃을 든든히 지탱할 수 있는 것을 고릅니다.

상자에
In a box

편지나 카드 등 소중한 물건을 담는 작은 상자를 꽃으로 꾸몄습니다. 왼쪽의 서랍과 같은 방법입니다. 물에 약한 종이상자나 바구니, 어떤 곳에도 꽃을 수 있습니다. 마음에 드는 상자에 좋아하는 꽃을 꽂아 보세요.

【장식 꽃다발】 같은 색 꽃다발(P.26)

커튼 만들기
Make a goodwill

꽃이 시들면서 자연스럽게 진 꽃잎, 작업 중에 남은 것, 장식이 끝난 꽃다발 등 각종 꽃을 버리지 않고 모아서 말린 것을 끈으로 묶어 커튼을 만들었습니다. 생활에 활기를 주며, 직접 만든 웨딩 오브제로 활용할 수도 있습니다.

드라이플라워는 줄기나 밑동을 끈으로 묶어서 긴 나무 봉에 달면 눈 깜짝할 사이에 완성됩니다. 꽃잎만 남은 것도 몇 장씩 모아서 묶어도 좋습니다. 끈은 마끈처럼 까슬까슬한 질감의 것이 흘러내리지 않고 예쁩니다.

매달아서
Hanging

매다는 타입의 꽃병도 있습니다. 매달 장소만 있다면 어디든지 꽃을 장식할 수 있습니다. 창으로 들어오는 빛을 받아 물과 유리가 반짝거려 꽃과 함께 방을 밝게 만듭니다. 물은 적게 넣어서 가능한 한 가볍게 만드세요.

【장식 꽃다발】 들꽃 꽃다발(P.14)

벽에
On a wall

전통공예품인 왕머루로 만든 가위 케이스로 벽에 거는 꽃병을 만들었습니다. 안쪽에 유리병을 넣어 물을 붓습니다. 단아한 들꽃은 물론이고 장미나 난 등 서양화나 드라이플라워를 넣어도 좋습니다. 전통과 모던을 조합해도 세련되고 운치 있습니다.

【장식 꽃다발】 잡초 꽃다발(P.72)

다양한 장소에
In various places

꽃을 잘게 나눠 좋아하는 장소에 잔뜩 꽂는 것도 재밌습니다. 잼이나 음료수 병 등 마음에 드는 빈 병을 사용해 다양한 장소에 꽃을 장식해 보세요. 평소 익숙했던 광경이 눈 깜짝할 사이에 특별한 공간으로 바뀝니다.

【장식 꽃다발】 큰 꽃을 나눈 꽃다발(P.48)

작은 소품과
Decorate with small articles

꽃다발을 만들 때 조금씩 남은 열매나 잎을 버리지 않고 모아 작은 접시에 놓았습니다. 유칼립투스나 열매 등은 자연스럽게 건조되므로 이렇게 즐길 수도 있습니다. 현관 열쇠를 두는 곳에 살짝 놓아 보세요.

【장식 식물】유칼립투스, 페퍼베리, 바이버넘

병에
Inclosed in a bottle

드라이플라워라서 가능한 장식 방법입니다. 따로 간직한 병에 말린꽃과 잎을 마음 가는 대로 담아 보물 상자를 만들었습니다. 장식이 끝난 꽃다발을 말려서 꽃송이만 넣습니다. 오디오보드 위, 책을 놓아둔 책상 위 등 물이 닿으면 안 되는 장소에도 스스럼없이 장식할 수 있는 것이 장점입니다.

【장식 꽃다발】각종 꽃다발의 남은 부분으로

압화 만들기
With pressed flowers

마음에 드는 꽃을 압화로 만들면 더욱 오래 즐길 수 있습니다. 가능한 한 꽃잎이 겹치지 않도록 신문지 등 흡수성이 좋은 종이 위에 펼치고 위에 누름돌을 얹습니다. 책 사이에 끼워도 좋습니다. 완성된 압화는 액자에 넣어 장식하세요.

【장식 꽃다발】각종 꽃다발의 남은 부분으로

바구니에
Basket decoration

생화는 안쪽에 화병을 넣고 드라이플라워는 그대로 장식하면 됩니다. 큰 바구니는 뭉텅이로 손 가는대로 넣은 꽃이 소박하고 자연스러운 분위기입니다. 현관에 두고 손님맞이용 꽃으로 사용해도 좋습니다. 바구니 속에 슬리퍼나 잡지 등을 넣을 수도 있습니다.

【장식 꽃다발】 드라이플라워 꽃다발(P.64)

리스 만들기
As a wreath

건조에 강한 잎이나 나무는 리스로 만드는 것도 가능합니다. 꽃이 다 폈어도 잎과 줄기는 아직 싱싱한 경우도 있습니다. 그때 시도해 보세요. 부드럽고 잘 휘는 식물이 알맞습니다.

【장식 꽃다발】 녹색 꽃다발(P.42)

how to make

01

로즈메리를 사용했습니다. 로즈메리의 부드러운 부분만을 사용하므로 반으로 잘라 딱딱한 부분은 제거합니다.

02

자른 로즈메리의 양쪽 끝을 잡고 부드럽게 구부립니다. 몇 번이고 굽혀서 휘게 합니다.

03

와이어(#26호)를 감아 로즈메리를 이어서 원형으로 만듭니다. 와이어는 잎과 잎 사이를 통과하듯 감으면 잎에 가려져 눈에 띄지 않습니다.

Column
가게

도쿄 도 미타카 시 오사와의 노가와 강변에 있는 작은 단층집에서 조경가인 남편과 함께 〈기타나카 식물상점〉이라는 가게를 하고 있습니다. 주변에는 노가와 공원과 죠후 비행장이 있는 무사시노노모리 공원이 있습니다. 풍요로운 자연 속에서 노가와 강을 바라보며 들새의 지저귐을 느낄 수 있는 한가로운 동네입니다.

가게 주변에는 지금은 매우 드문 단층집 마을이 있습니다. 저는 단층집을 동경했기 때문에 이런 환경에 매료되어 홀로 이사 왔습니다. 그리고 몇 개월 후 이웃에 이사 온 사람이 남편이었습니다. 이런 운명적(?)인 만남으로 이전 국숫집이었던 단층집을 그대로 활용해 각자의 특기 분야를 살려 2014년 6월에 기타나카 식물상점을 열었습니다.

가게 정원에는 남편이 작업한 마을 뒷산에 흔한 잡목과 사계절을 느낄 수 있는 야생화를 심었습니다. 가게 유리창을 통해 보이는 경치는 마치 산 속 같습니다. 둘이서 도자기 산지를 돌아다니며 산 화분이나, 요원에 직접 의뢰해서 만든 오리지널 화분 등도 있습니다. 가게 내부에는 관엽식물과 야생화를 중심으로 한 가지째 꺾은 꽃이 있으며 플라워 레슨도 열고 있습니다.

손님은 식물을 사러 오기도 하지만, 정원을 구경하러 오거나, 건물을 보러 오거나, 노가와를 산책하러 오는 등 저마다의 목적으로 가게를 찾아옵니다. 그렇게 한숨 돌리는 길에 들러주신다면 영광입니다.

선물하기
Giving a bouquet

포 장 하 기
Wrapping the bouquet

완성된 꽃다발을 돋보이게 하는 포장 방법을 소개합니다!

01 | 트라이앵글 포장

어떤 꽃다발에도 잘 어울리는 기본 포장 방법입니다. 포장지는 1장으로도 충분하지만 2장을 겹치면 더욱 특별해집니다. 겹쳐서 사용할 때는 서로 질감이 다른 살짝 투명한 종이를 추천합니다.

꽃다발을 한 바퀴 반 감쌀 정도의 크기로 포장지 2장을 자릅니다. 안쪽에 올 포장지 위에 꽃다발을 놓습니다. 포장지 각(화살표)에 꽃의 중심이 향하도록 놓습니다.

포장지를 꽃다발 양쪽에서 감싸듯 꽃다발에 맞춰 고깔 모양으로 맙니다. 꽃다발은 포장 전에 보수 (P.133 참조)합니다.

꽃다발을 묶은 끈 부분에서 사진처럼 포장지를 잡습니다.

잡은 부분을 스카치테이프로 느슨해지지 않게 단단히 감아 고정합니다. 테이프를 붙이기 힘든 종이라면 스테이플러를 사용합니다.

바깥쪽으로 갈 포장지를 안쪽 포장지보다 조금 뒤로 밉니다. 다음은 02~04의 과정을 다른 포장지로도 반복합니다.

안쪽 포장지가 약간 보일 정도가 가장 좋습니다. 이 과정에서 보이는 정도를 조정합니다.

밑 부분에 남은 포장지를 정리해 뒤쪽으로 접어 올립니다.

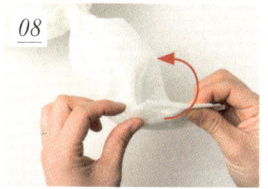

뒤쪽은 포장지 단면이 보이지 않게 접어 넣은 후 스카치테이프로 고정합니다.

08까지 과정이 끝난 상태입니다. 이 위에 리본을 답니다.

리본은 앞쪽부터 한 바퀴 감아서 한 번 묶습니다.

이때 묶는 부분을 세로로 잘 당겨서 단단하게 고정하면 쉽게 풀리지 않습니다.

묶은 리본 사이에 손가락을 넣고 가볍게 당겨 정돈합니다. 리본은 양면에 무늬가 있는 것이 예쁩니다.

02 | 풍성한 포장

꽃이 잘 보이도록 풍성하게 포장합니다. 안쪽 그물망은 튼튼한 꽃이라면 없어도 괜찮습니다. 크라프트지 등 단단한 종이 1장으로 심플하게 포장하는 것도 좋습니다.

01	*02*	*03*
안쪽에 올 그물망은 꽃다발을 한 바퀴 반 감쌀 정도로 자릅니다. 밑부분은 보여도 상관없습니다. 꽃다발은 사전에 보수(P.133)합니다.	그물망으로 꽃다발을 쌉니다.	꽃다발을 묶은 끈 부분에서 그물망을 잡고 스카치테이프를 감아 고정합니다.

04	*05*	*06*
바깥쪽에 올 포장지 위에 03을 놓습니다. 바깥쪽 포장지는 꽃다발을 한 바퀴에서 조금 부족한 정도로 위아래 폭은 꽃다발보다 살짝 크게 자릅니다.	포장지 아래의 각을 잡아 접습니다. 접은 부분이 삼각형이 되도록 합니다(사진).	오른쪽도 05처럼 접고 꽃다발을 묶은 끈 부근에서 포장지를 잡습니다.

07	*08*	*09*
06까지 끝난 모습입니다.	잡은 부분을 스카치테이프로 감아 고정합니다.	그 위에 P.117과 같은 방법으로 리본을 달면 완성입니다.

point

포장지가 없을 때는 큰 잡지를 찢어 사용해도 좋습니다. 풍경 사진이나 단일 색조의 페이지는 포장지로 잘 어울립니다. 편의점 등에서 영어신문을 사서 대충 감싸도 그럴듯합니다.

03 | 간편한 포장

귀여운 무늬가 들어간 비닐봉지를 사용한 포장은 간편하고 모양도 예쁘게 잡히므로 추천합니다. 줄기를 크라프트지로 싸면 더욱 경쾌한 분위기로 완성됩니다.

01 꽃다발 크기에 맞는 비닐봉지를 준비합니다.

02 보수(P.133참조)한 꽃다발의 줄기를 반으로 접은 크라프트지 사이에 넣습니다.

03 이어서 좌우에 남은 크라프트지를 뒤쪽으로 접어 넣습니다.

04 접어 넣은 모습입니다. 줄기에 단단히 밀착되도록 접습니다.

05 크라프트지를 스카치테이프로 한 바퀴 감아 고정합니다.

06 05를 비닐봉지에 넣습니다.

07 줄기 부분 비닐봉지의 양쪽을 접습니다.

08 접은 모습입니다.

09 리본을 달면 완성입니다.

point

빳빳한 소재의 비닐봉지를 사용하면 꽃다발을 튼튼하게 보호하고 보기에도 좋습니다. 가능하면 위의 예처럼 앞면이 투명하고 배경에 무늬가 있는 것을 고르세요. 봉투에 넣으면 바로 완성입니다.

04 | 손수건 포장

손수건으로 포장하는 방법입니다. 포장에 사용한 손수건도 선물이 됩니다.
모양을 너무 잡지 말고 손수건 원단을 잘 살려 포장하세요.

 *01* 손수건을 삼각형 모양으로 반 접습니다. 이때 삼각형을 사진처럼 겹치지 않게 접습니다.	 *02* 삼각형 사이에 꽃다발 중심이 오도록 놓습니다. 꽃다발은 보수(P.133 참조)해서 준비합니다.	 *03* 줄기가 살짝 가려질 정도(5cm 정도)로 접습니다.
 *04* 꽃다발을 놓은 손수건 좌우를 꽃다발 형태를 따라서 접습니다.	 *05* 좌우 양쪽 손수건을 접은 모습입니다.	 *06* 꽃다발 끈을 묶는 부분(05의 점선 부분)을 오른손으로 잡고(A), 왼손으로 손수건 윗부분을 잡습니다(B).
 *07* B에서 잡은 부분을 아래로 접어 내립니다. A는 움직이지 않습니다.	 *08* 양쪽 모두 같은 방법으로 작업하고 양쪽 손수건 B 부분의 끝자락을 겹칩니다.	 *09* 손수건 끝자락 B 부분과 줄기를 함께 리본으로 감아 나비 모양으로 묶으면 완성입니다.

point

꽃다발 크기에 맞는 손수건을 준비합니다. 앞뒷면의 색 농도와 무늬가 비슷해야 예쁘게 만들어집니다. 예시는 초여름에 선물하기 좋은 클레마티스 꽃다발에 수국 모양의 손수건으로 계절이 느껴지는 조합입니다.

무언가와 조합해서
In combination with something

생일, 소소한 감사 인사, 기념일, 나눔 등
선물과 함께 작은 꽃다발을 전하면 마음이 더욱 잘 전달될 것입니다.

머그잔과
With a mug

생일선물로 준비한 깔끔한 머그잔에 녹색 꽃다발을 넣으니 좀 더 특별해집니다.
투명한 필름으로 포장하면 안이 보여서 세련됩니다. 꽃다발은 보수(P.133참조)하
거나, 용기에 물을 조금 담으세요. 머그잔은 아이즈의 게이잔 도기입니다.

【장식 꽃다발】 다육식물 꽃다발(P.68)

메이슨 자와
With a Mason jar

텃밭에서 막 딴 채소 다발에 메이슨 자와 드레싱을 세트로 해서 만들었습니다. 바로 조리해서 먹을 수 있게 채소를 씻어 넣었습니다. 겉모습뿐만 아니라 그 후의 이야기도 생각했습니다. 별것 아니지만, 조금 품을 들이면 멋진 선물로 변신합니다.

【장식 꽃다발】채소 꽃다발(P.88)

와인과
With wine

홈 파티에 초대받았을 때 와인과 함께 선물해 보세요. 완충재로 단순하게 감은 작은 꽃다발을 와인 병에 리본으로 붙이면 너무 거창하지 않으면서도 특별한 느낌이 납니다. 꽃을 그대로 유리잔에 담아 테이블을 장식하면 파티가 한층 빛날 것입니다.

【장식 꽃다발】 같은 색 꽃다발(P.31)

쿠키와
With sweets

꽃다발을 쿠키에 곁들이면 색다른 멋이 있어 즐겁습니다. 살짝 큰 상자에 쿠키를 담고, 옆에 꽃다발을 넣습니다. 수제 쿠키를 이렇게 포장하는 것도 좋겠지요. 꽃과 함께 쿠키를 즐기는 티타임을 만들어 보세요.

【장식 꽃다발】들꽃 꽃다발(P.10)을 작게 활용했습니다.

책 과

With books

책을 라피아 끈(야자수 끈)으로 묶고, 영어신문으로 살짝 감싼 꽃다발을 끼웠습니다. 꽃다발은 말릴 수 있는 열매만 모았기 때문에 보수 처리가 필요 없고, 제대로 물을 제거하고 포장하면 책이 물에 젖을 우려도 없습니다. 빌린 책을 돌려줄 때 감사의 마음을 담아 작은 꽃다발과 함께 주는 건 어떨까요?

【장식 꽃다발】열매만으로 만든 꽃다발 (P.55)

반지 와
With rings

중요한 기념일에 호들갑스럽지 않고 담백한 느낌으로 마음을 전할 수 있는 연출입니다. 줄기가 튼튼한 꽃과 가지에 반지를 걸고 떨어지지 않게 리본으로 묶습니다. 꽃다발이라고 생각했는데 자세히 보니 반지가……. 굉장히 로맨틱해서 평생 잊을 수 없을 것 같습니다.

【장식 꽃다발】들꽃 꽃다발(P.10)

가방에 걸 수 있게
Attached to a bag

꽃다발을 받으면 손에 들고 다니는 게 조금 부담스럽다는 말을 듣기도 합니다. '약간 부담스럽다'라는 마음을 해소하기 위해 고안한 방법입니다. 가방에 달고 다니면 편하고 액세서리 대용으로 사용할 수도 있습니다. 작은 꽃다발이기에 가능한 방법입니다.

【장식 꽃다발】 혼합 꽃다발(P.22)

꽃다발 뒤쪽. 꽃다발을 묶은 끈에 가방에 달기 위한 고리를 걸면 됩니다. 고리는 마트 등에서 쉽게 살 수 있습니다. 꽃다발은 펠트지로 포장했습니다.

숄더백처럼

As a shoulder bag

꽃다발을 가방처럼 들고 다니는 방법입니다. 투명 필름으로 꽃다발 크기의 가방을 만들어 손잡이를 달았습니다. 이렇게 선물하면 지하철이나 버스에서도 주변을 의식하지 않을 수 있으며 안쪽의 꽃이 보여서 멋스럽습니다. 도구만 있으면 간단히 만들 수 있습니다.

【장식한 꽃다발】 녹색 꽃다발 (P.46)

필름은 쿠키 포장용 봉투 등에 사용하는 핸디형 전기식 비닐 접착기로 붙입니다. 열로 단단하게 붙으니 간편합니다. 손잡이는 크라프트지에 아이즈산 무명실 끈을 테이프로 단단히 붙였습니다. 종이봉투의 손잡이 부분을 잘라서 사용해도 좋습니다.

잎으로 메시지 카드 만들기
Message card leaves

꽃다발을 만들고 남은 잎에 메시지를 적어 포장에 추가했습니다. 일반 유성 매직도 괜찮고, 흰색 수정액을 사용해도 귀엽고 읽기 편합니다. 유칼립투스나 레몬 잎 등 잎이 튼튼하고 단단하며, 물이 없어도 비교적 괜찮은 잎 종류가 알맞습니다.

꽃다발 보수 처리
The process of retention water for a bouquet

들고 다니는 동안 꽃다발이 시들지 않게 물을 주는 것을 '보수'라고 합니다. 꽃다발을 포장할 때 보수 처리는 필수입니다. 물이 떨어지지 않도록 확실히 보수해서 꽃을 깨끗한 상태로 유지해서 선물하세요. 말릴 경우나 선물을 받은 후 바로 장식할 때는 보수하지 않기도 합니다.

키친타월(사진은 보수용 전용 시트를 사용)을 꽃다발 묶을 부분보다 아래쪽의 2배 길이로 자르고, 자른 키친타월에 꽃다발 줄기 부분을 놓고 반으로 접습니다.

반으로 접은 키친타월의 남은 부분을 꽃다발 뒤쪽으로 접어 넣습니다.

접어 넣은 모양입니다. 느슨하면 봉투에 넣기 어려우니 탄탄히 접어 넣습니다.

03을 물에 담급니다. 키친타월이 물을 듬뿍 머금도록 담급니다.

키친타월의 물기를 짭니다. 이때 너무 짜면 물이 금방 말라버리므로 주의합니다. 봉투에 넣었을 때 물이 새어 나오지 않을 정도가 적당합니다.

비닐봉지에 넣습니다. 비닐봉지 대신 은박지로 싸도 됩니다.

비닐봉지 입구를 테이프로 한 바퀴 감아 튼튼하게 고정합니다. 테이프는 끝을 조금 접어 붙여서 뜯기 편하게 하세요.

고정한 모습입니다. 안쪽 물이 새지 않도록 세심하게 처리합니다.

꽃다발을 만들기 전에 알아야 할 기초 지식
Basic knowledge of bouquet

꽃 손질

가장 중요한 손질 과정입니다. 꽃을 준비하면 우선 '물 올림'이라는 작업을 합니다. 물 올림은 꽃이 물을 더 잘 흡수할 수 있게 하는 사전준비 과정입니다. 물 올림 하는 것과 하지 않는 것은 꽃을 유지하는데 천지 차이입니다. 꽃집에서 하는 복잡한 방법도 있지만, 여기서는 기본적인 방법을 소개합니다. 잎 제거, 잘라 나누기도 꽃다발을 만들기 전에 꼭 해야 합니다.

자르기

줄기를 사선으로 잘라 흡수할 면적을 늘려 물을 더욱 많이 빨아들이게 합니다. 잘 드는 가위를 사용하고, 가능하면 전용 꽃 가위를 준비합니다. 무딘 가위는 줄기 조직을 손상해 오히려 물 흡수를 방해하니 주의하세요.

물속 자르기

물속에서 자르는 것을 말합니다. 물속에서 자르면 줄기가 수압이 물을 잘 빨아올리도록 촉진하므로 가능한 물이 깊은 곳에서 줄기를 자르는 것이 좋습니다. 물에 담글 부분의 잎은 미리 최대한 제거하면 작업이 편합니다.

깊은 물에 담그기

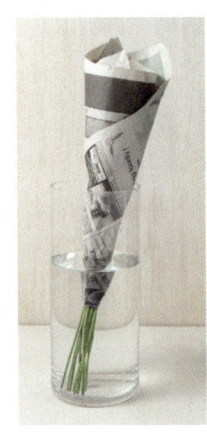

자르기나 물속 자르기 한 꽃을 신문지 등의 종이로 꽃이 보이지 않을 정도로 싸서, 차가운 물이 가득 든 통 등에 넣습니다. 약 2시간 정도 햇볕과 바람이 직접 닿지 않는 서늘하고 그늘진 장소에 두면 꽃이 싱싱해집니다.

열탕

뜨거운 물로 물올림 하는 것입니다. 뜨겁게 끓인 물에 줄기를 10초에서 20초가량 담그고, 바로 깊은 물에 담급니다. 뜨거운 기운이 꽃에 직접 닿아 손상되지 않도록 종이를 감아서 보호하세요. 선이 가는 들꽃 계열에 특히 효과적입니다.

잎 제거

꽃다발을 묶는 부분(끈으로 묶을 부분)보다 아래에 있는 잎사귀를 꽃다발을 묶기 전에 모두 깨끗하게 제거하는 것을 말합니다. 묶는 부분보다 아랫부분은 화병에 넣을 때 물에 잠기는 경우가 많습니다. 오랜 시간 잎이 물에 잠겨 있으면 잎사귀가 금방 썩으니 확실히 처리해야 합니다.

잘라 나누기

곁가지가 많이 달린 스프레이 타입의 꽃은 나눠 두면 사용하기 훨씬 편합니다. 기본은 가지가 나뉜 지점에서 잘라 나누는 것으로 나눈 부분을 더 길게 사용하고 싶을 때는 아래 사진처럼 굵은 줄기를 남겨가며 자르면 길게 사용할 수 있습니다. 꽃다발 크기에 맞춰서 나눠 자르세요.

꽃다발의 기본

꽃 종류에 따라 잡는 방법은 미묘하게 다르지만, 기본은 거의 비슷합니다. 묶어서 줄기를 가지런히 자르고 묶은 줄기를 고무 밴드나 끈으로 고정합니다.

기본 잡는 법

플로리스트처럼 큰 꽃다발을 잡으려면 어려운 기술이 필요하지만, 작은 꽃다발 용으로 간소화했습니다. 축이 될 꽃을 정하고 거기에 꽃을 더하듯 넣어갑니다.

01 축이 될 꽃을 주로 사용하는 손이 아닌 쪽(여기서는 왼손)으로 쥡니다. 가능한 올곧은 줄기의 것이 좋습니다.

02 축이 될 꽃에 덧대듯이 다음 1송이를 넣습니다.

03 02에서 넣은 꽃에 덧대듯이 다음 꽃을 사선이 되도록 넣습니다.

04 03을 반복해서 꽃을 더해갑니다.

05 꽃다발을 위에서 봤을 때 생각했던 형태가 되었다면 완성입니다.

꽃다발 잡는 법

꽃다발을 만들 때는 주로 사용하는 손이 아닌 손에 잡고 점차 꽃을 넣어갑니다. 이때 줄기를 너무 꽉 잡으면 안 됩니다. 엄지와 검지로 가볍게 잡는 정도가 가장 좋습니다. 그렇게 하면 그다지 힘이 들어가지 않아 꽃다발을 풍성하게 만들 수 있습니다.

줄기 자르는 법

줄기는 꽃다발을 다 만든 다음 한 번에 정리해서 자르는 것이 기본입니다. 그래야 줄기 길이를 고르게 할 수 있습니다. 기본은 가장 짧은 줄기에 맞춰서 자르는 것입니다. 화병에 넣었을 때 모든 꽃이 골고루 물을 흡수하기 쉽습니다.

꽃다발 묶는 법

고무 밴드로 고정하기, 끈으로 묶기. 대표적인 묶는 방법은 2가지입니다.

고무 밴드로 고정하기

한 손으로 작업할 수 있어 편리합니다. 게다가 빨리 고정할 수 있습니다.

01 꽃다발의 꽃 1송이(줄기가 가늘다면 여러 송이)에 아래부터 고무 밴드를 겁니다.

02 고무 밴드를 당겨 엄지 위를 통과해 꽃다발을 2~3바퀴 돌립니다. 엄지 위로 감는 것이 중요합니다. 아래를 통과하면 작업하기 힘들고 꽃다발 형태도 무너집니다.

03 고무 밴드 끝을 꽃다발의 꽃 1송이(줄기가 가늘다면 여러 송이)에 아래에서 걸어서 고정합니다.

04 고정한 모습입니다.

끈으로 묶기

어떤 끈이든 상관없지만, 마 끈처럼 멋스러운 끈을 사용하면 세련되게 완성됩니다.

01 끈을 끝 10㎝ 정도 남기고 꽃다발을 잡은 손의 엄지로 끼웁니다.

02 01을 누른 채 끈을 줄기에 빙글빙글 2~3바퀴 감습니다.

03 끈 양쪽을 잡고 당겨서 끈을 탄탄하게 죄어줍니다.

04 꽃다발을 놓고, 끈을 묶습니다. 끈은 바싹 당기세요.

05 나비 모양 리본으로 묶어주면 완성입니다. 이대로라면 끈이 보여도 귀엽습니다.

마치며

꽃을 선물하면 주는 사람도 받는 사람도 행복해집니다.

집에 장식하고 싶을 때, 혹은 그날의 기분에 맞춰 골라 보세요.

선물하고 싶은 상대를 떠올리고,

완성된 꽃다발을 자랑하는 시간도 갖고,

꽃과 함께 그런 시간을 보내면 좋겠습니다.

CHIISANA HANATABA NO HON
: 'TSUKURU KAZARU OKURU' TAME NO KANTAN, OSHARE NA SHUHOU WO ATSUMEMASHITA.
© AYAKA ONOGI 2015

Originally published in Japan in 2015 by Seibundo Shinkosha Publishing Co., Ltd., TOKYO,
Korean translation rights arranged with Seibundo Shinkosha Publishing Co., Ltd., TOKYO,
through TOHAN CORPORATION, TOKYO, and Danny Hong Agency, SEOUL.
Korean translation copyright © 2016 by Turning Point

이 책의 한국어판 저작권은 대니홍 에이전시를 통한 저작권사와의 독점 계약으로 ㈜터닝포인트아카데미에 있습니다.
저작권법에 의해 한국 내에서 보호를 받는 저작물이므로 무단전재와 복제를 금합니다.

---

colorant odeur www.colorantodeur.com
기타나카 식물상점 www.kitanakaplants.jp

Art Director & Book Designer 오스기 신야
Book Designer 스즈키 미에(Amber)
PhotoGrapher 미우라 기에코

Special Thanks
heso (heso-cha.com)
Asami Sekita(vinaigrette)

촬영소도구 UTUWA

작은 꽃다발 책

2016년 4월 25일 초판 1쇄 인쇄 | 2016년 5월 2일 초판 1쇄 발행
지은이 오노기 아야카 | 옮긴이 박수현
펴낸이 정상석 | 기획 문희언 | 디자인 이지선
펴낸곳 터닝포인트(www.diytp.com) | 등록번호 2005. 2. 17 제6-738호
주소 (121-869) 서울시 마포구 동교로27길 3 지남빌딩 308호
대표 전화 (02)332-7646 | 팩스 (02)3142-7646
ISBN 978-89-94158-88-4   13630

정가 12,000원

내용 및 집필 문의 diamat@naver.com
터닝포인트는 삶에 긍정적 변화를 가져오는 좋은 원고를 환영합니다.

• 이 책에 수록된 내용이나 사진, 일러스트 등을 출판권자의 허락 없이 복제 배포하는 행위는 저작권법에 위반됩니다.
• 이 도서의 국립중앙도서관 출판예정도서목록(CIP)은 서지정보유통지원시스템 홈페이지(http://seoji.nl.go.kr)와
  국가자료공동목록시스템(http://www.nl.go.kr/kolisnet)에서 이용하실 수 있습니다.(CIP제어번호: CIP2016008867)